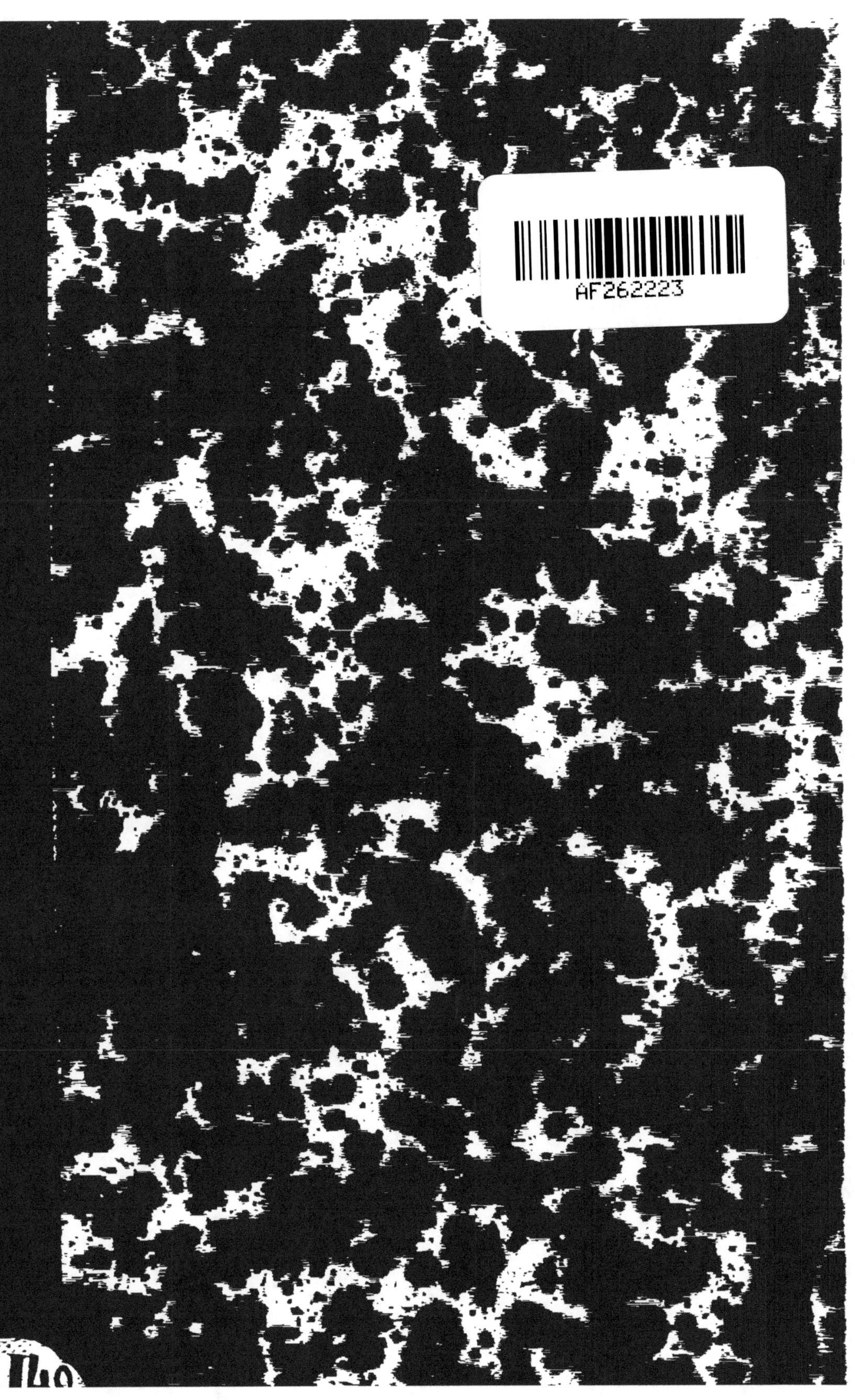
AF262223

SOCIÉTÉ

DES AMIS DE LA CONSTITUTION,

SÉANTE AUX JACOBINS, A PARIS.

TROISIÈME DISCOURS

DE J. P. BRISSOT, Député,

Sur la nécessité de la guerre;

Prononcé à la société, le 20 janvier 1792.

MESSIEURS,

CONVAINCU que la discussion engagée, tant à l'assemblée nationale, que dans cette société, avoit éclairé au plus haut degré la question de la guerre, je n'imaginois pas qu'en reproduisant les mêmes argumens, on me forceroit encore à reparoître sur l'arène. J'aurois dédaigné et les sophismes et les insinuations dans la bouche des partisans du ministère ; mais c'est un patriote, c'est un frère qui demande des éclaircissemens, et c'est un devoir pour moi de les donner. Je le remplirai avec cette décence convenable à tout homme qui se respecte lui-même et respecte la société devant laquelle il parle.

Je ne répéterai point ici les argumens que j'ai développés avant-hier à l'assemblée nationale, parce que mon discours doit vous être distribué dans votre prochaine séance. Je vous dirai seulement que je m'y suis attaché à prouver deux points importans.

1.º Que l'empereur étoit en état d'hostilité ouverte envers la France ; et qu'il étoit autant de notre sûreté que de notre dignité de l'attaquer, s'il ne nous donne pas une satisfaction telle qu'elle dissipe toutes nos inquiétudes.

2.º Que l'empereur avoit violé constamment le traité du premier mai 1756, qu'il falloit se hâter de le rompre, puisqu'il étoit onéreux à la France sous tous les points de vue, et que, sur-tout, il étoit impossible de conserver la liberté de la France, tant que ce traité subsistera.

Je viens maintenant aux argumens qui m'ont été faits dans cette tribune par M. Robespierre, et que je n'ai pas encore réfutés.

La question qui nous divise peut être réduite à des termes bien simples, et je copie ceux mêmes de mon adversaire : *Quel parti, a-t-il d t, devons-nous p endre dans les circonstances où nous sommes ?*

Pour nous déterminer sur ce parti, il faut connoître ces *circonstances.* Or, nous sommes dans

es circonstances hostiles , offensives ; donc il
aut, je ne dis pas attaquer, mais nous défendre ;
t comme en nous défendant, il nous convient
ieux de faire du pays ennemis, plutôt que du
ôtre, le théâtre de la guerre, donc il faut se
âter de la porter au-delà du Rhin.

Osera-t-on nier ces circonstances hostiles ?
Niera-t-on que les émigrans étoient parvenus à
assembler des forces à Worms, à Coblentz, à
es armer, à les approvisionner ? Niera-t-on
u'ils nous menaçoient d'une prochaine invasion ?
Niera-t-on que les électeurs leur prêtoient non-
eulement un asyle, mais des secours considéra-
les, qu'ils en tiroient encore des divers princes
ui ont intérêt à entretenir le feu de la discorde
u sein de la France ?

Dès-lors ne devient-il pas d'une absolue néces-
ité que, pour faire cesser ces rassemblemens,
es menaces, ces hostilités prochaines, la France
éployât ses forces et menaçât à son tour d'écraser
es imprudens voisins ?

Elle a réussi, les rassemblemens sont dissipés ;
e succès a prouvé la bonté de cette opération,
t la fermeté que la France a développée dans
ette opération, en étonnant l'Europe, a convain-
u les peuples et les souverains, que la France
'étoit pas sans moyens, qu'elle n'étoit pas réduite
l'impuissance par l'anarchie, comme ses détrac-
eurs le répétent par-tout.

Mais la France ne perdroit-elle pas tout le fruit
u'elle doit attendre de ce grand développement,
i elle s'arrêtoit dans sa carrière, et si, après avoir
ffrayé les petits princes qui osoient l'insulter,
lle ne prenoit pas la même attitude vis-à-vis des
randes puissances qui stimuloient sourdement
es électeurs ?

L'empereur est à la tête. Il a montré son ini-
mitié pour la nation françoise, et en refusant
d'abord de dissiper les rassemblemens, et en pro-
mettant des troupes aux électeurs, et sur-tout
en excitant, en concluant une ligue contre la
France avec diverses autres puissances ; cette ligue
est prouvée par ses lettres, par une circulaire,
par divers traités, par les notifications qui en ont
été faites à la diète de Ratisbonne. Il est dès-lors
en état d'hostilité contre la France.

Maintenant ne seroit-il pas insensé de rester
tranquille sur la défensive, de laisser se former
tranquillement au-dehors cette coalition couron-
née, de lui laisser rassembler ses forces, pour
tomber sur nous au moment qui lui conviendroit
le mieux ? Je ne cesserai de répéter ce dilemme
auquel on n'a pas encore répondu.

Ou l'empereur veut nous attaquer, ou il ne
veut que nous effrayer. S'il veut nous attaquer,
il est de la démence de ne pas le prévenir, puisqu'en le prévenant nous avons mille avantages,
puisqu'en l'attendant, nous les perdons tous.

Si l'empereur veut seulement nous effrayer,
c'est pour nous forcer à dissiper des sommes
énormes dans des préparatifs et des armemens qui
nous épuisent ; c'est pour nous laisser un éternel
sujet d'inquiétude, entretenir l'espoir des mécontens, et par conséquent le désordre, et par conséquent amener la banqueroute, etc.

Dans ce cas, le bon sens ne dit-il pas qu'il faut
mettre fin à ce jeu ruineux, qu'une guerre ouverte seroit moins dangereuse, moins coûteuse,
que ces préparatifs de guerre ? Donc il faut ou
exiger de l'empereur une satisfaction telle que nous
puissions être tranquilles, que nous puissions dé-
sarmer, ou il faut l'y forcer par les armes.

Qne répond-on à ce dilemme pressant? La cour de France veut la guerre, et il faut se défier de ses vues secrettes. —

Et je dis, moi, messieurs, la cour ne veut pas la guerre. Je l'ai dit, le jour même où le roi prononçoit son fameux discours du 14 décembre; tout cet étalage ne m'a point séduit; j'ai dès-lors prévu qu'au 15 janvier il n'y auroit pas de proposition de guerre. J'ai persisté dans ma prédiction, quoique tous les ministériels semblassent s'être donné le mot pour emboucher la trompette guerrière, et ma prédiction s'est vérifiée; car vous avez vu, messieurs, le ministre des affaires étrangères vous apporter des lettres calmantes qui annonçoient la soumission des électeurs. — Vous l'avez vu publier une proclamation qui manifeste ses craintes sur une aggression imprévue. — Vous l'ayez entendu, dans son dernier discours, prêcher la paix....

Nouveau stratagéme! s'écrie-t-on, la cour veut toujours la guerre; mais elle change de marche, pour vous la faire mieux adopter.

Mais ce stratagème seroit inutile, et même stupide; car, si la cour veut la guerre, pourquoi le roi ne vient-il pas en faire la proposition à l'assemblée nationale?

J'ose assurer que les deux tiers de cette assemblée accueilleroient avec transport cette proposition. Comment donc, puisque la cour est sûre de faire, est sûre d'avoir la guerre quand elle le voudra, comment auroit-elle la démence de prendre une route longue, tortueuse, incertaine? Comment feindroit-elle de ne la pas vouloir, pour nous la faire vouloir, lorsque nous la voulons, lorsque le vœu général étoit bien prononcé? Comment dédaigneroit-elle de profiter du fruit de ses manœuvres, lorsque ce fruit est dans ses mains ? Comment en éloigneroit elle le moment ? Comment les membres de l'assemblée qui lui sont dévoués viendroient-ils combattre la guerre même qu'elle desire ?

Allons plus loin, et voyons si les autres actes de la cour prouvent qu'elle veut la guerre. Si le roi veut la guerre, que doit-il faire ? Multiplier tous les moyens qui peuvent la rendre nécessaire. Ainsi, puisqu'on suppose qu'il est de concert avec les réfugiés de Coblentz, avec les électeurs, avec l'empereur, comment ne les a-t-il pas prié secret-tement de ne pas dissiper les rassemblemens, de continuer les exercices militaires, de vexer les François, d'insulter leur territoire ? Par quelle démence allie-t-il ces contradictions ? Il veut la guerre, il est de concert avec les électeurs ! et ces électeurs dissipent les rassemblemens, chas-sent les émigrés, donnent satisfaction à la France, et ôtent tout prétexte de guerre au roi, qui la veut, de concert avec eux ! Il veut la guerre, et l'empereur, son beau-frère, son soutien secret, qui doit la vouloir avec lui, la faire pour lui, qui devroit profiter de tous les prétextes pour la faire déclarer, hâter les préparatifs, faire marcher ses troupes ; cet empereur force les électeurs à dissi-per les rassemblemens, laisse ses troupes dans l'inaction, ne fait aucun mouvement, va de lui-même au-devant de la paix ! N'existe t-il pas une contradiction évidente entre la volonté de la guerre, qu'on prête au roi, et ses actions ? N'est-il pas ici un mystère qu'il est impossible de résoudre dans le système de mon adversaire ?

Au contraire, tout ce mystère s'explique aisé-ment dans le mien : *Ni la cour de France, ni l'empereur, ne veulent la guerre ; ils ont seulement voulu nous effrayer.*

Ils ont dû, pour nous effrayer, nous la proposer avec éclat; ils ont dû la proposer, pour exciter des défiances dans l'esprit des patriotes éclairés; ils ont dû la proposer, pour se populariser parmi les troupes.

Ils doivent aujourd'hui changer de langage, parce qu'ils sont prêts d'être pris au mot; ils doivent en changer, parce que la guerre ne leur convient point; et c'est ce qu'il est facile de démontrer.

Léopold ne doit pas la vouloir; dix volcans sont allumés sous ses pas; une étincelle peut les embrâser tous à la fois.

La cour de France elle - même doit redouter l'issue de cette guerre; c'est le triomphe de l'aristocratie et de Léopold qui lui convient. Et ce triomphe est incertain; elle voit que les armées de Léopold sont insuffisantes pour ses propres besoins; que ses finances sont délabrées; que sa volonté est chancelante; elle sait que les princes confédérés n'ont ni la puissance, ni les moyens, ni la bonne foi nécessaires pour assurer le succès de cette coalition commencée. La cour sait qu'elle a un appui certain dans Léopold; mais elle sait aussi qu'il est impossible de calculer les effets de la guerre, les effets d'un embrâsement universel. Elle voit en frémissant qu'au premier coup de canon, le Brabant peut s'ébranler et renverser son ancien régime; elle sait que Vienne mécontente peut profiter de ce moment pour manifester son mécontentement; et qui répond à notre cour que le trône de Léopold n'en sera pas renversé? Qui lui répond que l'audace des troupes françoises s'arrêtera à son gré? Qui lui répond que les François ne franchiront pas les bornes qu'elle leur posera? Qui lui répond que, quand les François le respecteroient, les étrangers n'osassent pas l'outrepasser ? Quand Louis XVI assembla les notables, prévoyoit-il la chûte de la Bastille ?... Quel est donc le mortel auquel il est donné de pouvoir lire dans l'avenir, et marquer à la révolution le temps et le pays où elle doit s'arrêter ? Les volcans sont préparés par-tout ; encore une fois il ne faut qu'une étincelle pour l'explosion universelle. *Ce n'est pas au patriotisme à en craindre les suites ; elle ne menace que les trônes.*

Les cours de l'Europe ne voient que trop bien les suites de la révolution françoise ; elles voient bien que les *rois sont mûrs*, et leur politique doit être de retarder le moment où le fruit doit tomber. Or la guerre accéléreroit ce moment ; ils doivent donc l'éviter.

Mais en même temps qu'ils sont forcés de l'éviter, ils doivent affecter de ne pas la craindre ; ils doivent affecter des hauteurs avec la France, chercher à la tracasser, semer la discorde dans son sein, l'épouvanter au dehors par des ligues impossibles à réaliser ; et ils savent bien cette impossibilité ; mais qu'importe ? S'ils ont excité la terreur, ils auront réussi ; leur espoir a été déçu.

Cette manœuvre a été sans succès, et pourquoi ? Parce que les rois ont mal jugé la France et l'esprit de la liberté. Ils ont cru, d'après des journaux aristocratiques (et ils ne lisent que ceux-là), d'après les récits mensongers de vils flatteurs, que la France étoit sans soldats, sans argent, sans moyens, et ils l'ont insultée avec éclat ; ils ont cru que la France étoit dirigée par une poignée de factieux, et cette poignée est composée de 25 millions d'hommes ; ils ont

ru que l'amour de la liberté n'étoit qu'un vain
iot, qu'il céderoit à la crainte, et ils ont in-
ulté à cet esprit de liberté.

Repoussés avec fermeté, les voilà forcés de
étrograder, forcés de rendre hommage à votre
idépendance, d'obéir à vos réquisitions. Que
oyez-vous dans cette conduite? Ineptie et châ-
ment à côté de l'insolence; fermeté et succès
côté de la justice.

Je vous l'ai déjà dit, messieurs, qu'importe à
ne grande nation les petits calculs de quelques
idividus? que lui importe de savoir ce qu'ils
eulent ou ce qu'ils ne veulent pas; de connoître
us les fils des intrigues qui agitent leurs ca-
inets, toutes les passions des scélérats ou des
emmes corrompues qui les dirigent? Une grande
ation ne doit avoir sous les yeux que deux
rands objets, les *principes* et la *force*.

Cependant je dois résoudre une objection qui
'a été faite.

Si les cours de France et de Vienne, m'a-t-on
it, ne veulent pas la guerre à présent, c'est
u'elles ne sont pas préparées; elles ne la veulent
ue pour le printemps. — J'y consens; mais qu'en
onclure? *Qu'il faut la faire à présent.* Nous
ommes sûrs du succès, en attaquant les pre-
iers; tous les avantages nous attendent sur le
errein ennemi; tous les désastres nous suivront
ans nos foyers: aussi, messieurs, tout ce qu'on
eut dire sur cette question, peut se réduire à
e triple point de vue: — ou l'Empereur veut la
uerre, ou il ne la veut qu'au printemps, ou il
e la veut pas du tout.

S'il la veut, il faut le prévenir; s'il ne la veut
u'au printemps prochain, il faut encore se hâter
e le prévenir; s'il ne la veut pas du tout, il faut

J. P. Brissot. A 5

le forcer, en la lui déclarant, à nous donner toutes les satisfactions qui peuvent dissiper nos inquiétudes, et nous mettre à portée de terminer cette guerre de préparatifs. Donc, dans tous les cas, la guerre est nécessaire.

On voit maintenant que nous ne sommes pas libres de vouloir ou de ne pas vouloir la guerre. Elle n'est pas offensive de notre part, car nous sommes attaqués; notre sûreté est en danger, si la ligue se réalise; et si elle ne se réalise pas, elle nous cause des inquiétudes dispendieuses.

On a prétendu qu'il valoit mieux avoir cette guerre au dedans de la France qu'au-dehors. C'est dire qu il vaut mieux avoir chez soi le feu, la peste, et tous les maux possibles, que de les prévenir, et de les repousser chez ses ennemis; c'est oublier ce qu'on doit à ses concitoyens des frontières, sur la tête desquels on appelle toutes ces calamités.

On a dit qu'on vouloit bien la guerre, mais la guerre *du peuple*, et non pas la guerre des *armées soldées.*

Cette idée est grande, mais est-elle exécutable, est-elle salutaire au peuple? C'est dire qu'on veut arracher tout le peuple à ses foyers, à ses affaires; c'est dire qu'on a par-tout des moyens pour l'alimenter et l'armer; c'est dire qu'on a besoin de cette croisade innombrable de millions d'hommes pour repousser quelques milliers d'hommes; c'est dire qu'avec une foule d'hommes courageux, mais qui n'ont pas l'habitude des armes, qui n'ont pas de chefs expérimentés, on est plus sûr du succès qu'avec des troupes disciplinées, armées, habituées à la fatigue; c'est, en un mot, envoyer le peuple à la boucherie...... J'ai, comme tout autre, admiré l'apostrophe de M. Robespierre ; mais je lui dirai, d'après lui-même, *que le destin des empires ne se règle pas d'après des figures de réthorique.*

Le pouvoir exécutif, chargé de diriger la guerre, épouvante : on voudroit la voir hors de ses mains...

Certes, les craintes qu'on a du pouvoir exécutif sont en général bien fondées ; elles tiennent à sa nature, à sa formation. Le peuple n'a point de prise sur le ministère, et c'est un vrai crime dans ceux qui ont revisé la constitution d'avoir ôté au peuple son influence à cet égard ; ils ont, dans cette partie, semé l'anarchie, semé les défiances.

Cependant cette constitution est jurée, il faut lui obéir : elle met dans la main du roi la direction de l'armée ; elle doit y rester, mais en la surveillant, mais en éclairant tous ses faits.

Il faut donc que l'armée soit organisée suivant les décrets, se conforme à la discipline décrétée, obéisse aux généraux nommés par le roi. Il faut, ou marcher ainsi, ou briser la constitution.

On a dit et répété que la guerre mettroit dans la main du pouvoir exécutif de grandes forces, qu'il pourroit en abuser.

Et j'ai déjà répondu qu'on insultoit à nos soldats, à nos volontaires nationaux. J'ai répondu que la cour pourroit séduire quelques généraux, quelques officiers, mais qu'elle ne séduiroit pas les soldats, nos gardes nationales. J'ai cité Bouillé, désertant seul, Arnold, désertant seul....

J'ai dit que les grandes trahisons étoient désormais impossibles, et j'aime à croire que les terreurs de M. Robespierre seroient désavouées dans nos camps.

On a dit qu'on vouloit cantonner et camper les soldats pour les ramener plus facilement à l'idolâtrie pour le chef suprême de l'armée...

Et ces camps sont formés depuis long-temps, et cette idolâtrie ne se manifeste point, et ceux qui ont visité les camps savent que le soldat aime la liberté, la révolution par-dessus tout.

Et ceux qui connoissent l'effet rapide des progrès de la raison, l'influence des papiers et de l'opinion publique qui s'éclaire chaque jour, voient que cette idolâtrie pour un homme touche bientôt à son terme.

On nous a dit qu'il valoit mieux, au lieu de s'occuper de guerre, remettre l'ordre dans l'intérieur, éclairer les finances, etc. etc. Et tous ces lieux communs étoient et sont encore aujourd'hui prêcités par le ministère. Il nous a aussi observé avant-hier, *que la guerre la plus heureuse entraînoit les plus grandes càlamités.*

Il est très-singulier de voir aujourd'hui M. Robespierre, marchant sur la même ligne que le ministère, soutenir cependant qu'il est en sens inverse, et prétendre que ceux-là seuls le soutiennent qui le combattent.

Comme M. de Lessart, il nous dit : « que repondrez-vous au pouvoir exécutif quand il vous dira, quand il vous prouvera, par des actes authentiques, que les princes ont dissipé les rassemblemens ? Quel prétexte légitime vous reste-t-il pour faire la guerre » (1).

Certes, nous n'accuserons pas, malgré ces rapprochémens, M. Robespierre d'être de concert avec le ministère ; mais qu'il veuille bien croire au moins que ce concert n'existe pas entre ce

____

(1) Voyez le Discours de M. Robespierre, *page* 52.

ministre et ceux qui le combattent ouvertement,
qui dénoncent avec vigueur les vices et les abus
de son administration.

Cette idée me ramène à quelques insinuations
sur la pureté de mes intentions, qui déparent les
discours de M. Robespierre. Elles lui sont étrangères, j'aime à le croire; car je l'ai vu, j'ai connu
son ame, et la méchanceté n'en approcha jamais.
S'il existe des poisons déguisés dans ses discours,
je ne les attribuerai qu'aux suggestions d'hommes
contre lesquels il n'est pas assez armé de dé-
fiance.

M. Robespierre, se flatte de pouvoir prononcer avec liberté sur les ministres, *parce qu'il
ne spécule ni pour lui, ni pour ses amis* (1).

Et moi aussi, je puis prononcer librement ; car
non-seulement je ne spécule point sur le ministère, mais j'ai renoncé même à toute espèce de
commerce avec les hommes que j'avois connus
avant leur élévation au ministère. Si, au milieu
des confidences de l'amitié, j'ai pu quelquefois
laisser entrevoir le vœu que je formois de voir
élever au ministère des patriotes éclairés, ce vœu
est-il donc un crime si grand, qu'il fallût violer
les épanchemens de l'amitié, et le dénoncer avec
éclat? Devons-nous donc être condamnés à n'a-
voir jamais que des ministres ignorans ou corrom-
pus? Veut-on donc condamner le gouvernement
à une inaction éternelle, et le peuple françois à
sa ruine? Car tel est le point où nous mènent ceux
qui ne veulent pas voir élever des patriotes au
ministère. Quoi! si la cour balançoit entre un
Jacobin et un modéré, ce seroit un crime que de

---

(1) Voyez son discours, *page* 8.

desirer de voir pencher la balance pour notre frère, et sur-tout pour nn homme qui a rendu les plus grands services à la cause de la liberté!

Un patriote élevé au ministère, ou soutient la cause du peuple, ou la trahit; s'il la soutient, il contribue à la prospérité publique; s'il la trahit, l'opinion publique n'est-elle pas là pour le dénoncer?

M. Robespierre me reproche encore d'avoir expédié des *brevets de patriotisme* (1) à deux ministres. Il m'a mal lu; j'ai dit qu'un ministère plébéien devoit se combiner avec les patriotes pour écraser les aristocrates, et avec les modérés, pour écraser les patriotes. Quel brevet de patriotisme! Partant de cette supposition, il s'écrie: *comme les routes du patriotisme sont devenues, pour M. Brissot, douces et riantes!....* (2)

Libelles, menaces, poignards, et ce qui est plus douloureux encore, attaques obliques de l'amitié surprise, voilà les fleurs qui ornent la route que je parcours....

L'insinuation est l'arme des méchans; elle ne convient donc point à un patriote. Si j'ai dévié des principes, si je suis coupable, que M. Robesbierre articule un fait positif; je l'en somme, lui et tous ceux qui m'entendent....

J'ai ma conscience pour moi; elle seule m'a soutenu dans tous les combats que j'essuie depuis quelque temps; mais je l'avoue, cette consolation m'abandonne, en me voyant, non pas ouvertement déchiré, mais effleuré avec un air de mystère, par un homme qui a droit à l'estime

---

(1) Voyez le Discours de M. Robespierre, *page* 8.

(2) Voyez le Discours de M. Robespierre, *page* 13.

ablique. Il ne cesse depuis quelque temps de
ous annoncer la révélation de grandes conspi-
ations... Qu'il ose enfin soulever le voile; qu'il
claire de grands jours ces noirs complots; qu'il
se dire si j'y trempe, me voilà prêt à répondre;
u'il cesse enfin de faire errer le glaive des dé-
onciations sur un homme qui, comme lui, a
roit de se dire : *integer vitæ scelerisque purus.*

Oui, messieurs, cette tête est comme la sienne
exécration des partisans de la tyrannie; elle
oit tomber avec la liberté, car les tyrans ne
ardonnent point aux hommes à principes, parce
ue ces hommes sont invariables...

Mais je rougis de me traîner si long-temps sur
es dénonciations.

Cependant je dois dire un mot du crime capital
ui me paroît avoir le plus violemment excité la
aine de mes adversaires; c'est de ne pas déchirer
haque jour et le roi et ses ministres, et les
énéraux, et sur-tout M. Lafayette....

Messieurs, la dénonciation m'a toujours paru
ne arme trop précieuse pour la prostituer à chaque
inute. Les sauveurs des ministres sont préci-
sément leurs éternels dénonciateurs, ou ceux qui
es dénoncent sans preuves.

Faits importans, preuves irrésistibles, voilà
e que j'ai toujours cru essentiel de réunir en
énonçant les ministres. Depuis mon entrée à la
égislature, j'ai prononcé huit discours; qu'on
'en cite un seul où je n'aie pas énergiquement
émasqué les intrigues, les abus, les divers mi-
istres! A-t-on depuis détruit un seul fait? Qu'on
se ma dénonciation sur les colonies; et les
olons et leurs protecteurs les ministres ont-ils
sé répliquer?

C'est ainsi, messieurs, qu'on honore, qu'on

rend utiles les dénonciations. Ah! défions-nous de ces hommes emportés, qui ne parlent que de poignards, de sang, de gibets, et pour les moindres fautes : ceux-la décrient et desservent le peuple, et fortifient la cause des ministres. . . .

Voulez-vous connoître les signes auxquels on doit distinguer, parmi ces déclamateurs, les vrais amis du peuple de ses ennemis?.. De l'énergie, et point de fureurs ; de la surveillance, et point de calomnie ; des faits, et point d'hypothèse ; des preuves, et non des soupçons ; du *caractère* surtout, c'est-à-dire une forte persévérance dans un parti dicté par la raison seule ; et ce mot vous apprendra à vous défier de ces hommes qui parcourent rapidement les extrêmes, brisent les statues qu'ils ont élevées, déchirent aujourd'hui ce qu'ils ont encensé la veille. Le vrai patriotisme n'a point cette légèreté ni ces inconséquences.

C'est d'après ces principes que j'ai dirigé ma conduite à l'égard de M. Lafayette... Je le voyois une fois tous les mois avant la St.-Barthelemy du 17 juillet ; je le voyois, et c'étoit pour soutenir en lui quelques souffles de la liberté, et c'étoit pour l'empêcher de se livrer aux séductions d'hommes qui avoient juré notre ruine. Le ciel m'est témoin que jamais je n'eus d'autres intentions ; que jamais aucune vue intéressée ne flétrit mes démarches. Je l'ai vu sur-tout au moment où un événement inespéré pouvoit imprimer à la constitution fra çoise un grand caractère qui lui manquoit, le seul qui en auroit corrigé tous les défauts. Je croyois Lafayette assez grand pour s'élever à la hauteur de sa destinée, et assez fort pour nous élever à la nôtre. Il me le promit, il me trompa. J'ai rompu puhliquement avec lui, et depuis je ne l'ai pas revu.

Lorsque quelqu'acte public l'a ramené au tribunal de l'opinion publique, je l'ai traité avec la justice qu'on doit à tout étranger ; il l'étoit, il le sera toujours pour moi. Depuis, il s'est retiré dans la solitude ; pourquoi aurois-je eu l inhumanité de l'y poursuivre, le persécuter, alors qu'il n'étoit plus qu'un homme privé ? Il en sort, il est nommé ; je ne ne fais qu'un vœu, c'est pour qu'il efface, par une conduite patriotique les taches qui ensanglantent sa vie politique. Est-ce donc là un vœu criminel ? Il est vrai, j'avoue cette faute, je n'ai point envoyé dans son camp des brochures contre lui, je n'arme point ses soldats de poignards contre lui, je ne les excite point à la désobéissance. Les soldats sont nos frères, sont patriotes ; reposons-nous sur eux. Si Lafayette est traître, il sera bientôt démasqué et puni ; s'il sert bien sa patrie, n'est-ce pas un crime national que d'exciter ses soldats à lui désobéir ?

En voilà sans doute assez, messieurs, pour vous éclairer sur ma conduite et sur mes démarches, sur les principes qui me dirigent. Ce ne sont point des mots, ce sont des faits, écrits par-tout, répétés dans tous mes écrits, et dans ma conduite depuis quatre ans....

Si je me suis trompé dans la question de là guerre, c'est au moins dans la droiture de mon ame ; j'aurai alors payé un tribut à la fragilité humaine ; mais je déclare qu'avant d'exposer mon opinion, j'ai pris toute la précaution pour me garantir de l'erreur. J'ai étudié les meilleurs ouvrages, suivi les évènemens avec constance.... et je me rassure en voyant que les hommes les plus célèbres , que les meilleurs patriotes partagent mon opinion. Si M. Robespierre ne tremble pas d'être presque seul de la sienne , comment serois-je timide en m'appuyant sur des colonnes aussi bien éprouvées ?

Les évènemens arrivent à mon secours , les électeurs ont plié ; l'empereur pliera , j'ose le prédire ; donc on aura bien fait de déployer une grande force pour le soumettre à reconnoître nos droits , et pour ôter cet appui aux mécontens.

L'empereur pliera , et nous soumettrons de même tous ces vains potentats qui ont osé nous braver parce qne nous étions désunis ; et alors la prospérité accompagnant la paix , nous portera à ce degré d'élévation où tout peuple libre doit arriver infailliblement.

Maintenant, messieurs, je me suis expliqué; mon ame est satisfaite ; elle ne conserve ni haîne ni même de ressentiment. Je n'ai pu persévérer à hair même les scélérats qui m'ont le plus déchiré ; comment hairois-je un patriote que j'estime , qui n'est qu'égaré par des impulsions étrangères , et qui, j'aime à le croire, va s'empresser de terminer un combat scandaleux, et funeste à la cause de la liberté.

La société a arrêté l'impression de ce discours ; dans sa séance du 20 *janvier* 1792.

ANTONELLE , *député à l'assemblée nationale, président* ; BROUSSONNET ; ALBITTE , *députés* ; G. BOISGUYON ; BANCAL ; AL. MÉCHIN , ROUSSEAU , *secrétaires.*

De l'Imprimerie du PATRIOTE FRANÇOIS, place du Théâtre Italien.

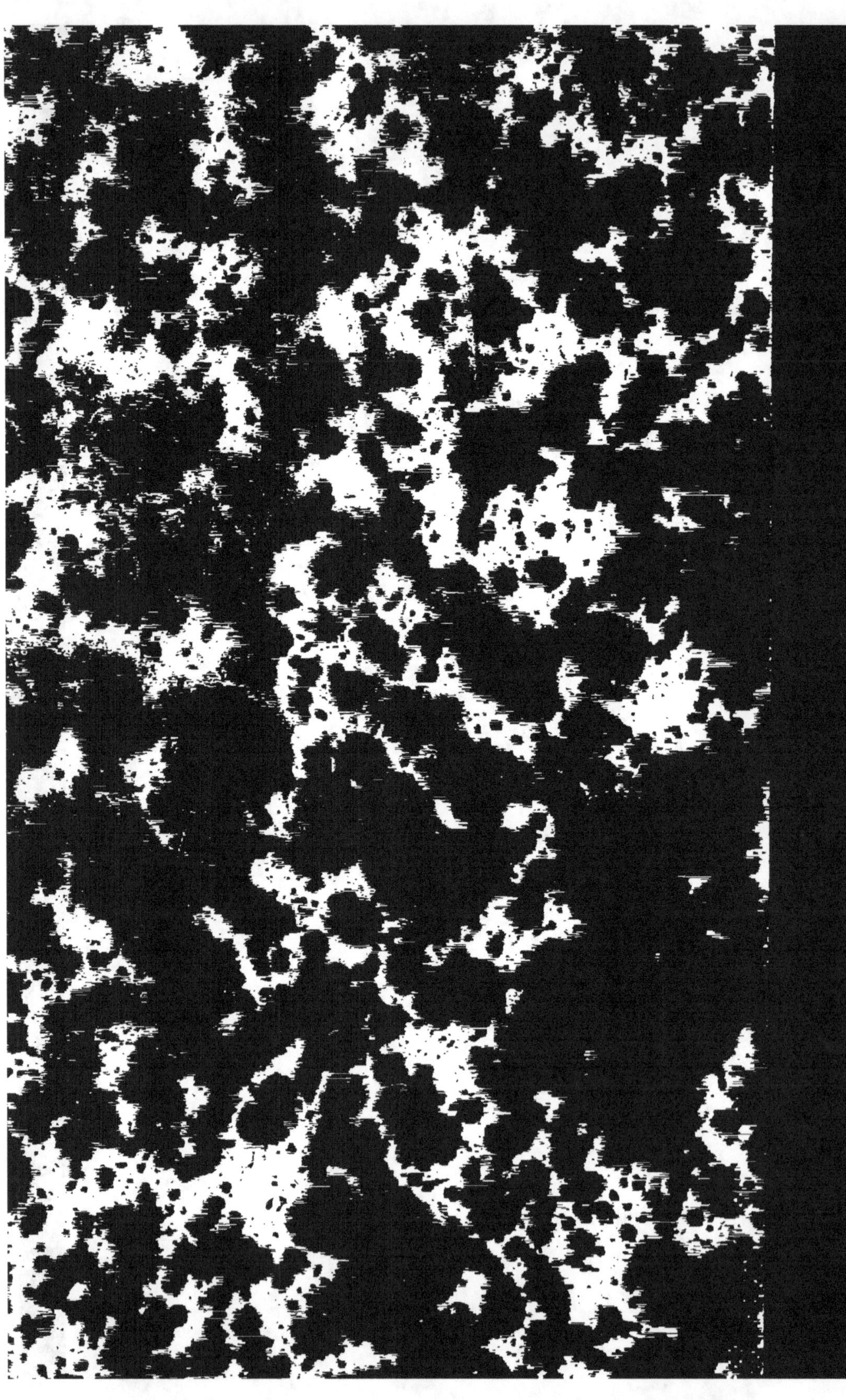

RÉCLAMATIONS

POUR

LES COLONIES

DES ANTILLES;

ADRESSÉES

AU ROI ET A LA NATION.

Non sumptuosâ blandior hostiâ,
Mollirit aversos Penates
Farre pio, et saliente micâ.

Hor. Lib. III, carm. 23.

I